寫．觀世音菩薩普門品

── 張明明 範帖書寫 ──

與觀世音菩薩心念相應，開智慧，除煩惱，化解惡緣，所求願滿

本書使用方法

字安則心安，字穩則心定。

出版「寫經寫字系列」的起心動念，很單純，就是給自己一段時間好好寫字，感受筆落紙上，在一筆一畫中重新回歸身心的安定力量。

惶惶不安有時，焦慮難耐有時，疫情天災更放大了不安穩與不確定，當你感到混亂的時候，就來寫字吧。

寫什麼都可以，從寫經入手，為的是在專心摹寫的過程裡，可以收斂自己紛雜的心緒，可以在呼吸落筆之間收束意念，修習定的工夫。

時至今日，寫經除了傳統概念上的「抄經以利佛法流傳」的發心祈願外，不是佛教徒同樣也可以藉由寫經傳遞與人結善緣的祝福心意，無須心有罣礙。

該如何開始寫？選擇一個喜歡的版本當然是最重要的，

如果是佛教徒的話，可以遵循宗教儀軌，先沐手，端身就坐，收攝身心，默唸〈開經偈〉一遍。然後開始寫經，寫完之後再恭頌〈迴向偈〉。

若是只是想單純藉由寫經來練字定心，專念一意是最重要的，字醜字美有無錯漏都不需懊惱，錯字旁畫○，在空白處補上正確的字，無須塗改，繼續書寫即可。

當你想把寫經的祝福心意傳遞給他人時，可以在寫完經文之後，寫下①當天日期，②寫經人姓名，③迴向（默想傳送心意）給祝福的人，這樣就可以將你的誠懇心意圓滿表達。

【關於妙法蓮華經・觀世音菩薩普門品】

〈觀世音菩薩普門品〉出自《妙法蓮華經》第二十五品。

《妙法蓮華經》簡稱《法華經》，被稱做「經中之王」。

有梵、藏、漢、英、日等各種語言翻譯，漢譯本中流傳最廣的是姚秦三藏法師鳩摩羅什的譯本。

〈普門品〉經文描述的是觀世音菩薩千處祈求千處現，以各種化身尋聲救苦的事跡。

開始有漢譯本流傳的一千六百年來，觀音菩薩跟普門品幾乎是東亞流通最廣的信仰，其中最大的推手，據說是因為北涼河西王沮渠蒙遜（西元三六八～四三三年）的緣故。沮渠蒙遜曾經患病難治，法師曇無讖勸他唸誦〈普門品〉，果然病癒，沮渠蒙遜以舉國之力推動〈普門品〉，從此之後就有了「處處彌陀佛，家家觀世音」的信仰盛況。

大悲拔眾苦，觀世音菩薩的形象深印眾人心中，無論是不是佛教徒，幾乎都願意親近祂。

本次出版的《寫・觀世音菩薩普門品》A4好寫大開本，共可書寫九次〈普門品〉。透過書寫讀誦普門品，練習安心自在，自利利他。

妙法蓮華経觀世音菩薩普門品
姚秦三藏法師鳩摩羅什奉詔譯
尒時无盡意菩薩即従座起偏袒右肩
合掌向佛而作是言世尊觀世音菩薩
以何因縁名觀世音佛告无盡意菩薩
善男子若有无量百千万億衆生受諸
苦悩聞是觀世音菩薩一心稱名觀世
音菩薩即時觀其音聲皆得解脱若有
持是觀世音菩薩名者設入大火火不
能焼由是菩薩威神力故若為大水所
漂稱其名号即得浅處若有百千万億
衆生為求金銀瑠璃硨磲瑪瑙珊瑚琥
珀真珠等寶入於大海假使黒風吹其
船舫漂堕羅刹鬼國其中若有乃至一
人稱觀世音菩薩名者是諸人等皆得

解脫羅剎之難以是因緣名觀世音若
復有人臨當被害稱觀世音菩薩名者
彼所執刀杖尋段段壞而得解脫若三
千大千國土滿中夜叉羅剎欲来惱人
聞其稱觀世音菩薩名者是諸惡鬼尚
不能以惡眼視之況復加害設復有人
若有罪若无罪杻械枷鎖檢繫其身稱
觀世音菩薩名者皆悉斷壞即得解脫
若三千大千國土滿中怨賊有一商主
將諸商人齎持重寶經過險路其中一
人作是唱言諸善男子勿得恐怖汝等
應當一心稱觀世音菩薩名號是菩薩
能以无畏施於衆生汝等若稱名者於
此怨賊當得解脫衆商人聞俱發聲言
南无觀世音菩薩稱其名故即得解脫

無盡意觀世音菩薩摩訶薩威神之力
巍巍如是若有眾生多於淫欲常念恭
敬觀世音菩薩便得離欲若多瞋恚常
念恭敬觀世音菩薩便得離瞋若多愚
癡常念恭敬觀世音菩薩便得離癡無
盡意觀世音菩薩有如是等大威神力
多所饒益是故眾生常應心念若有女
人設欲求男禮拜供養觀世音菩薩便
生福德智慧之男設欲求女便生端正
有相之女宿植德本眾人愛敬無盡意
觀世音菩薩有如是力若有眾生恭敬
禮拜觀世音菩薩福不唐捐是故眾生
皆應受持觀世音菩薩名號無盡意若
有人受持六十二億恒河沙菩薩名字
復盡形供養飲食衣服臥具醫藥於汝

意云何是善男子善女人功德多不无
盡意言甚多世尊佛言若復有人受持
觀世音菩薩名号乃至一時礼拜供養
是二人福正等无異於百千万億劫不
可窮盡无盡意受持觀世音菩薩名号
得如是无量无邊福德之利无盡意菩
薩白佛言世尊觀世音菩薩云何遊此
娑婆世界云何而為衆生說法方便之
力其事云何佛告无盡意菩薩善男子
若有國土衆生應以佛身得度者觀世
音菩薩即現佛身而為說法應以辟支
佛身得度者即現辟支佛身而為說法
應以聲聞身得度者即現聲聞身而為
說法應以梵王身得度者即現梵王身
而為說法應以帝釋身得度者即現帝

釋身而為說法應以自在天身得度者
即現自在天身而為說法應以大自在
天身得度者即現大自在天身而為說
法應以天大將軍身得度者即現天大
將軍身而為說法應以毗沙門身得度
者即現毗沙門身而為說法應以小王
身得度者即現小王身而為說法應以
長者身得度者即現長者身而為說法
應以居士身得度者即現居士身而為
說法應以宰官身得度者即現宰官身
而為說法應以婆羅門身得度者即現
婆羅門身而為說法應以比丘比丘尼
優婆塞優婆夷身得度者即現比丘比
丘尼優婆塞優婆夷身而為說法應以
長者居士宰官婆羅門婦女身得度者

即現婦女身而為說法應以童男童女
身得度者即現童男童女身而為說法
應以天龍夜叉乾闥婆阿脩羅迦樓羅
緊那羅摩睺羅伽人非人等身得度者
即皆現之而為說法應以執金剛神得
度者即現執金剛神而為說法无盡意
是觀世音菩薩成就如是功德以種種
形遊諸國土度脫衆生是故汝等應當
一心供養觀世音菩薩是觀世音菩薩
摩訶薩於怖畏急難之中能施无畏是
故此娑婆世界皆号之為施无畏者无
盡意菩薩白佛言世尊我今當供養觀
世音菩薩即解頸衆寶珠瓔珞價值百
千兩金而以與之作是言仁者受此法
施珎寶瓔珞時觀世音菩薩不肯受之

无盡意復白觀世音菩薩言仁者愍我
等故受此瓔珞尒時佛告觀世音菩薩
當愍此无盡意菩薩及四衆天龍夜叉
乾闥婆阿脩羅迦樓羅緊那羅摩睺羅
伽人非人等故受是瓔珞即時觀世音
菩薩愍諸四衆及於天龍人非人等受
其瓔珞分作二分一分奉釋迦牟尼佛
一分奉多寶佛塔无盡意觀世音菩薩
有如是自在神力遊於娑婆世界尒時
无盡意菩薩以偈問曰

世尊妙相具　我今重問彼
佛子何因緣　名為觀世音
具足妙相尊　偈答无盡意
汝聽觀音行　善應諸方所
弘誓深如海　歷劫不思議

侍多千億佛　發大清淨願
我為汝略說　聞名及見身
心念不空過　能滅諸有苦
假使興害意　推落大火坑
念彼觀音力　火坑變成池
或漂流巨海　龍魚諸鬼難
念彼觀音力　波浪不能沒
或在須彌峰　為人所推墮
念彼觀音力　如日虛空住
或被惡人逐　墮落金剛山
念彼觀音力　不能損一毛
或值怨賊繞　各執刀加害
念彼觀音力　咸即起慈心
或遭王難苦　臨刑欲壽終
念彼觀音力　刀尋段段壞

或囚禁枷鎖　手足被杻械
念彼觀音力　釋然得解脫
呪詛諸毒藥　所欲害身者
念彼觀音力　還著於本人
或遇惡羅剎　毒龍諸鬼等
念彼觀音力　時悉不敢害
若惡獸圍繞　利牙爪可怖
念彼觀音力　疾走无邊方
蚖蛇及蝮蠍　氣毒煙火然
念彼觀音力　尋聲自迴去
雲雷鼓掣電　降雹澍大雨
念彼觀音力　應時得消散
衆生被困厄　无量苦逼身
觀音妙智力　能救世間苦
具足神通力　廣修智方便

十方諸國土　无刹不現身

種種諸惡趣　地獄鬼畜生

生老病死苦　以漸悉令滅

真觀清淨觀　廣大智慧觀

悲觀及慈觀　常願常瞻仰

无垢清淨光　慧日破諸闇

能伏災風火　普明照世間

悲體戒雷震　慈意妙大雲

澍甘露法雨　滅除煩惱焰

諍訟經官處　怖畏軍陣中

念彼觀音力　眾怨悉退散

妙音觀世音　梵音海潮音

勝彼世間音　是故須常念

念念勿生疑　觀世音淨聖

於苦惱死厄　能為作依怙

具一切功德　慈眼視眾生
福聚海无量　是故應頂礼

介時。持地菩薩即從座起。前白佛言。世尊。若有眾生聞是觀世音菩薩品。自在之業。普門示現神通力者。當知是人。功德不少。佛說是普門品時。眾中八万四千眾生。皆發无等等阿耨多羅三藐三菩提心。

妙法蓮華經觀世音菩薩普門品

姚秦三藏法師鳩摩羅什奉詔譯

尒時无盡意菩薩即從座起偏袒右肩合掌向佛而作是言世尊觀世音菩薩以何因緣名觀世音佛告无盡意菩薩善男子若有无量百千万億衆生受諸苦惱聞是觀世音菩薩一心稱名觀世音菩薩即時觀其音聲皆得解脫若有持是觀世音菩薩名者設入大火火不能燒由是菩薩威神力故若爲大水所漂稱其名号即得淺處若有百千万億衆生爲求金銀瑠璃硨磲瑪瑙珊瑚虎珀真珠等寶入於大海假使黒風吹其船舫漂墮羅刹鬼國其中若有乃至一人稱觀世音菩薩名者是諸人等皆得

解脱羅刹之難以是因縁名觀世音若
復有人臨當被害稱觀世音菩薩名者
彼所執刀杖尋段段壞而得解脱若三
千大千國土滿中夜叉羅刹欲来惱人
聞其稱觀世音菩薩名者是諸恶鬼尚
不能以恶眼視之況復加害設復有人
若有罪若无罪杻械枷鎖檢繫其身稱
觀世音菩薩名者皆悉斷壞即得解脱
若三千大千國土滿中怨賊有一商主
將諸商人齎持重寶經過險路其中一
人作是唱言諸善男子勿得恐怖汝等
應當一心稱觀世音菩薩名号是菩薩
能以无畏施於衆生汝等若稱名者於
此怨賊當得解脱衆商人聞俱發聲言
南无觀世音菩薩稱其名故即得解脱

无盡意觀世音菩薩摩訶薩威神之力
巍巍如是若有眾生多於淫欲常念恭
敬觀世音菩薩便得離欲若多瞋恚常
念恭敬觀世音菩薩便得離瞋若多愚
癡常念恭敬觀世音菩薩便得離癡无
盡意觀世音菩薩有如是等大威神力
多所饒益是故眾生常應心念若有女
人設欲求男礼拜供養觀世音菩薩便
生福德智慧之男設欲求女便生端正
有相之女宿植德本眾人愛敬无盡意
觀世音菩薩有如是力若有眾生恭敬
礼拜觀世音菩薩福不唐捐是故眾生
皆應受持觀世音菩薩名号无盡意若
有人受持六十二億恒河沙菩薩名字
復盡形供養飲食衣服臥具醫藥於汝

意云何是善男子善女人功德多不无
盡意言甚多世尊佛言若復有人受持
觀世音菩薩名号乃至一時礼拜供養
是二人福正等无異於百千万億劫不
可窮盡无盡意受持觀世音菩薩名号
得如是无量无邊福德之利无盡意菩
薩白佛言世尊觀世音菩薩云何遊此
娑婆世界云何而為衆生說法方便之
力其事云何佛告无盡意菩薩善男子
若有國土衆生應以佛身得度者觀世
音菩薩即現佛身而為說法應以辟支
佛身得度者即現辟支佛身而為說法
應以聲聞身得度者即現聲聞身而為
說法應以梵王身得度者即現梵王身
而為說法應以帝釋身得度者即現帝

釋身而為說法應以自在天身得度者
即現自在天身而為說法應以大自在
天身得度者即現大自在天身而為說
法應以天大將軍身得度者即現天大
將軍身而為說法應以毗沙門身得度
者即現毗沙門身而為說法應以小王
身得度者即現小王身而為說法應以
長者身得度者即現長者身而為說法
應以居士身得度者即現居士身而為
說法應以宰官身得度者即現宰官身
而為說法應以婆羅門身得度者即現
婆羅門身而為說法應以比丘比丘尼
優婆塞優婆夷身得度者即現比丘比
丘尼優婆塞優婆夷身而為說法應以
長者居士宰官婆羅門婦女身得度者

即現婦女身而為說法應以童男童女
身得度者即現童男童女身而為說法
應以天龍夜叉乾闥婆阿脩羅迦樓羅
緊那羅摩睺羅伽人非人等身得度者
即皆現之而為說法應以執金剛神得
度者即現執金剛神而為說法无盡意
是觀世音菩薩成就如是功德以種種
形遊諸國土度脫眾生是故汝等應當
一心供養觀世音菩薩是觀世音菩薩
摩訶薩於怖畏急難之中能施无畏是
故此娑婆世界皆号之為施无畏者无
盡意菩薩白佛言世尊我今當供養觀
世音菩薩即解頸眾寶珠瓔珞價值百
千兩金而以與之作是言仁者受此法
施珎寶瓔珞時觀世音菩薩不肯受之

无盡意復白觀世音菩薩言仁者愍我
等故受此瓔珞尒時佛告觀世音菩薩
當愍此无盡意菩薩及四衆天龍夜叉
乾闥婆阿脩羅迦樓羅緊那羅摩睺羅
伽人非人等故受是瓔珞即時觀世音
菩薩愍諸四衆及於天龍人非人等受
其瓔珞分作二分一分奉釋迦牟尼佛
一分奉多寶佛塔无盡意觀世音菩薩
有如是自在神力遊於娑婆世界尒時
无盡意菩薩以偈問曰

世尊妙相具　我今重問彼
佛子何因緣　名為觀世音
具足妙相尊　偈答无盡意
汝聽觀音行　善應諸方所
弘誓深如海　歷劫不思議

侍多千億佛　發大清淨願
我為汝略說　聞名及見身
心念不空過　能滅諸有苦
假使興害意　推落大火坑
念彼觀音力　火坑變成池
或漂流巨海　龍魚諸鬼難
念彼觀音力　波浪不能沒
或在須彌峰　為人所推墮
念彼觀音力　如日虛空住
或被惡人逐　墮落金剛山
念彼觀音力　不能損一毛
或值怨賊繞　各執刀加害
念彼觀音力　咸即起慈心
或遭王難苦　臨刑欲壽終
念彼觀音力　刀尋段段壞

或囚禁枷鎖　手足被杻械
念彼觀音力　釋然得解脫
呪詛諸毒藥　所欲害身者
念彼觀音力　還著於本人
或遇惡羅刹　毒龍諸鬼等
念彼觀音力　時悉不敢害
若惡獸圍繞　利牙爪可怖
念彼觀音力　疾走无邊方
蚖蛇及蝮蠍　氣毒煙火然
念彼觀音力　尋聲自迴去
雲雷鼓掣電　降雹澍大雨
念彼觀音力　應時得消散
衆生被困厄　无量苦逼身
觀音妙智力　能救世間苦
具足神通力　廣修智方便

十方諸國土　无刹不現身
種種諸惡趣　地獄鬼畜生
生老病死苦　以漸悉令滅
眞觀清淨觀　廣大智慧觀
悲觀及慈觀　常願常瞻仰
无垢清淨光　慧日破諸闇
能伏災風火　普明照世間
悲體戒雷震　慈意妙大雲
澍甘露法雨　滅除煩惱焰
諍訟經官處　怖畏軍陣中
念彼觀音力　衆怨悉退散
妙音觀世音　梵音海潮音
勝彼世間音　是故須常念
念念勿生疑　觀世音淨聖
於苦惱死厄　能爲作依怙

具一切功德　慈眼視衆生
福聚海无量　是故應頂礼

尔時持地菩薩即從座起前白佛言世尊若有衆生聞是觀世音菩薩品自在之業普門示現神通力者當知是人功德不少佛說是普門品時衆中八万四千衆生皆發无等等阿耨多羅三藐三菩提心

妙法蓮華經觀世音菩薩普門品

姚秦三藏法師鳩摩羅什奉詔譯

尒時。无盡意菩薩即從座起。偏袒右肩

合掌向佛。而作是言。世尊。觀世音菩薩

以何因緣。名觀世音。佛告无盡意菩薩。

善男子。若有无量百千万億衆生。受諸

苦惱。聞是觀世音菩薩。一心稱名。觀世

音菩薩即時觀其音聲。皆得解脫。若有

持是觀世音菩薩名者。設入大火。火不

能燒。由是菩薩威神力故。若為大水所

漂。稱其名号。即得淺處。若有百千万億

衆生。為求金。銀。琉璃。硨磲。瑪瑙。珊瑚。虎

珀。真珠等寶。入於大海。假使黑風吹其

船舫。漂墮羅剎鬼國。其中若有乃至一

人。稱觀世音菩薩名者。是諸人等。皆得

解脱羅刹之難以是因緣名觀世音若
復有人臨當被害稱觀世音菩薩名者
彼所執刀杖尋段段壞而得解脱若三
千大千國土滿中夜叉羅刹欲来惱人
聞其稱觀世音菩薩名者是諸惡鬼尚
不能以惡眼視之況復加害設復有人
若有罪若无罪杻械枷鎖檢繫其身稱
觀世音菩薩名者皆悉斷壞即得解脱
若三千大千國土滿中怨賊有一商主
將諸商人齎持重寶經過險路其中一
人作是唱言諸善男子勿得恐怖汝等
應當一心稱觀世音菩薩名号是菩薩
能以无畏施於衆生汝等若稱名者於
此怨賊當得解脱衆商人聞俱發聲言
南无觀世音菩薩稱其名故即得解脱

无盡意觀世音菩薩摩訶薩威神之力
巍巍如是若有衆生多於淫欲常念恭
敬觀世音菩薩便得離欲若多瞋恚常
念恭敬觀世音菩薩便得離瞋若多愚
癡常念恭敬觀世音菩薩便得離癡无
盡意觀世音菩薩有如是等大威神力
多所饒益是故衆生常應心念若有女
人設欲求男礼拜供養觀世音菩薩便
生福德智慧之男設欲求女便生端正
有相之女宿植德本衆人愛敬无盡意
觀世音菩薩有如是力若有衆生恭敬
礼拜觀世音菩薩福不唐捐是故衆生
皆應受持觀世音菩薩名号无盡意若
有人受持六十二億恒河沙菩薩名字
復盡形供養飲食衣服卧具醫藥於汝

意云何是善男子善女人功德多不无
盡意言甚多世尊佛言若復有人受持
觀世音菩薩名号乃至一時礼拜供養
是二人福正等无異於百千万億劫不
可窮盡无盡意受持觀世音菩薩名号
得如是无量无邊福德之利无盡意菩
薩白佛言世尊觀世音菩薩云何遊此
娑婆世界云何而為衆生説法方便之
力其事云何佛告无盡意菩薩善男子
若有國土衆生應以佛身得度者觀世
音菩薩即現佛身而為説法應以辟支
佛身得度者即現辟支佛身而為説法
應以聲聞身得度者即現聲聞身而為
説法應以梵王身得度者即現梵王身
而為説法應以帝釋身得度者即現帝

釋身而為說法應以自在天身得度者
即現自在天身而為說法應以大自在
天身得度者即現大自在天身而為說
法應以天大將軍身得度者即現天大
將軍身而為說法應以毘沙門身得度
者即現毘沙門身而為說法應以小王
身得度者即現小王身而為說法應以
長者身得度者即現長者身而為說法
應以居士身得度者即現居士身而為
說法應以宰官身得度者即現宰官身
而為說法應以婆羅門身得度者即現
婆羅門身而為說法應以比丘比丘尼
優婆塞優婆夷身得度者即現比丘比
丘尼優婆塞優婆夷身而為說法應以
長者居士宰官婆羅門婦女身得度者

即現婦女身而為說法應以童男童女
身得度者即現童男童女身而為說法
應以天龍夜叉乾闥婆阿脩羅迦樓羅
緊那羅摩睺羅伽人非人等身得度者
即皆現之而為說法應以執金剛神得
度者即現執金剛神而為說法无盡意
是觀世音菩薩成就如是功德以種種
形遊諸國土度脫衆生是故汝等應當
一心供養觀世音菩薩是觀世音菩薩
摩訶薩於怖畏急難之中能施无畏是
故此娑婆世界皆号之為施无畏者无
盡意菩薩白佛言世尊我今當供養觀
世音菩薩即解頸衆寶珠瓔珞價值百
千兩金而以與之作是言仁者受此法
施珎寶瓔珞時觀世音菩薩不肯受之

无盡意復白觀世音菩薩言仁者愍我等故受此瓔珞尒時佛告觀世音菩薩當愍此无盡意菩薩及四衆天龍夜叉乾闥婆阿脩羅迦樓羅緊那羅摩睺羅伽人非人等故受是瓔珞即時觀世音菩薩愍諸四衆及於天龍人非人等受其瓔珞分作二分一分奉釋迦牟尼佛一分奉多寶佛塔无盡意觀世音菩薩有如是自在神力遊於娑婆世界尒時无盡意菩薩以偈問曰

世尊妙相具　我今重問彼
佛子何因緣　名為觀世音
具足妙相尊　偈答无盡意
汝聽觀音行　善應諸方所
弘誓深如海　歷劫不思議

侍多千億佛　發大清淨願
我為汝略說　聞名及見身
心念不空過　能滅諸有苦
假使興害意　推落大火坑
念彼觀音力　火坑變成池
或漂流巨海　龍魚諸鬼難
念彼觀音力　波浪不能沒
或在須彌峰　為人所推墮
念彼觀音力　如日虛空住
或被惡人逐　墮落金剛山
念彼觀音力　不能損一毛
或值怨賊繞　各執刀加害
念彼觀音力　咸即起慈心
或遭王難苦　臨刑欲壽終
念彼觀音力　刀尋段段壞

或囚禁枷鎖　手足被杻械
念彼觀音力　釋然得解脫
咒詛諸毒藥　所欲害身者
念彼觀音力　還著於本人
或遇惡羅剎　毒龍諸鬼等
念彼觀音力　時悉不敢害
若惡獸圍繞　利牙爪可怖
念彼觀音力　疾走无邊方
蚖蛇及蝮蠍　氣毒煙火然
念彼觀音力　尋聲自迴去
雲雷鼓掣電　降雹澍大雨
念彼觀音力　應時得消散
眾生被困厄　无量苦逼身
觀音妙智力　能救世間苦
具足神通力　廣修智方便

十方諸國土　无刹不現身
種種諸惡趣　地獄鬼畜生
生老病死苦　以漸悉令滅
真觀清淨觀　廣大智慧觀
悲觀及慈觀　常願常瞻仰
无垢清淨光　慧日破諸暗
能伏災風火　普明照世間
悲體戒雷震　慈意妙大雲
澍甘露法雨　滅除煩惱焰
諍訟經官處　怖畏軍陣中
念彼觀音力　衆怨悉退散
妙音觀世音　梵音海潮音
勝彼世間音　是故須常念
念念勿生疑　觀世音淨聖
於苦惱死厄　能為作依怙

具一切功德　慈眼視衆生
福聚海无量　是故應頂礼

尔時持地菩薩即從座起前白佛言世尊若有衆生聞是觀世音菩薩品自在之業普門示現神通力者當知是人功德不少佛説是普門品時衆中八万四千衆生皆發无等等阿耨多羅三藐三菩提心

妙法蓮華経觀世音菩薩普門品

姚秦三藏法師鳩摩羅什奉詔譯

尒時无盡意菩薩即從座起偏袒右肩合掌向佛而作是言世尊觀世音菩薩以何因縁名觀世音佛告无盡意菩薩善男子若有无量百千万億衆生受諸苦惱聞是觀世音菩薩一心稱名觀世音菩薩即時觀其音聲皆得解脱若有持是觀世音菩薩名者設入大火火不能燒由是菩薩威神力故若為大水所漂稱其名号即得淺處若有百千万億衆生為求金銀瑠璃硨磲瑪瑙珊瑚虎珀真珠等寶入於大海假使黒風吹其船舫漂墮羅刹鬼國其中若有乃至一人稱觀世音菩薩名者是諸人等皆得

解脫羅剎之難以是因緣名觀世音若
復有人臨當被害稱觀世音菩薩名者
彼所執刀杖尋段段壞而得解脫若三
千大千國土滿中夜叉羅剎欲来惱人
聞其稱觀世音菩薩名者是諸惡鬼尚
不能以惡眼視之況復加害設復有人
若有罪若无罪杻械枷鎖檢繫其身稱
觀世音菩薩名者皆悉斷壞即得解脫
若三千大千國土滿中怨賊有一商主
將諸商人齎持重寶經過險路其中一
人作是唱言諸善男子勿得恐怖汝等
應當一心稱觀世音菩薩名号是菩薩
能以无畏施於眾生汝等若稱名者於
此怨賊當得解脫眾商人聞俱發聲言
南无觀世音菩薩稱其名故即得解脫

无盡意觀世音菩薩摩訶薩威神之力
巍巍如是若有眾生多於淫欲常念恭
敬觀世音菩薩便得離欲若多瞋恚常
念恭敬觀世音菩薩便得離瞋若多愚
癡常念恭敬觀世音菩薩便得離癡无
盡意觀世音菩薩有如是等大威神力
多所饒益是故眾生常應心念若有女
人設欲求男礼拜供養觀世音菩薩便
生福德智慧之男設欲求女便生端正
有相之女宿植德本眾人愛敬无盡意
觀世音菩薩有如是力若有眾生恭敬
礼拜觀世音菩薩福不唐捐是故眾生
皆應受持觀世音菩薩名号无盡意若
有人受持六十二億恒河沙菩薩名字
復盡形供養飲食衣服臥具醫藥於汝

意云何是善男子善女人功德多不无
盡意言甚多世尊佛言若復有人受持
觀世音菩薩名号乃至一時礼拜供養
是二人福正等无異於百千万億劫不
可窮盡无盡意受持觀世音菩薩名号
得如是无量无邊福德之利无盡意菩
薩白佛言世尊觀世音菩薩云何遊此
娑婆世界云何而為衆生説法方便之
力其事云何佛告无盡意菩薩善男子
若有國土衆生應以佛身得度者觀世
音菩薩即現佛身而為説法應以辟支
佛身得度者即現辟支佛身而為説法
應以聲聞身得度者即現聲聞身而為
説法應以梵王身得度者即現梵王身
而為説法應以帝釋身得度者即現帝

釋身而為說法應以自在天身得度者
即現自在天身而為說法應以大自在
天身得度者即現大自在天身而為說
法應以天大將軍身得度者即現天大
將軍身而為說法應以毗沙門身得度
者即現毗沙門身而為說法應以小王
身得度者即現小王身而為說法應以
長者身得度者即現長者身而為說法
應以居士身得度者即現居士身而為
說法應以宰官身得度者即現宰官身
而為說法應以婆羅門身得度者即現
婆羅門身而為說法應以比丘比丘尼
優婆塞優婆夷身得度者即現比丘比
丘尼優婆塞優婆夷身而為說法應以
長者居士宰官婆羅門婦女身得度者

即現婦女身而為說法應以童男童女
身得度者即現童男童女身而為說法
應以天龍夜叉乾闥婆阿脩羅迦樓羅
緊那羅摩睺羅伽人非人等身得度者
即皆現之而為說法應以執金剛神得
度者即現執金剛神而為說法无盡意
是觀世音菩薩成就如是功德以種種
形遊諸國土度脫衆生是故汝等應當
一心供養觀世音菩薩是觀世音菩薩
摩訶薩於怖畏急難之中能施无畏是
故此娑婆世界皆号之為施无畏者无
盡意菩薩白佛言世尊我今當供養觀
世音菩薩即解頸衆寶珠瓔珞價值百
千兩金而以與之作是言仁者受此法
施珍寶瓔珞時觀世音菩薩不肯受之

无盡意復白觀世音菩薩言仁者愍我
等故受此瓔珞介時佛告觀世音菩薩
當愍此无盡意菩薩及四衆天龍夜叉
乾闥婆阿脩羅迦樓羅緊那羅摩睺羅
伽人非人等故受是瓔珞即時觀世音
菩薩愍諸四衆及於天龍人非人等受
其瓔珞分作二分一分奉釋迦牟尼佛
一分奉多寶佛塔无盡意觀世音菩薩
有如是自在神力遊於娑婆世界介時
无盡意菩薩以偈問曰

世尊妙相具　我今重問彼
佛子何因縁　名為觀世音
具足妙相尊　偈答无盡意
汝聽觀音行　善應諸方所
弘誓深如海　歷劫不思議

侍多千億佛　發大清淨願
我為汝略說　聞名及見身
心念不空過　能滅諸有苦
假使興害意　推落大火坑
念彼觀音力　火坑變成池
或漂流巨海　龍魚諸鬼難
念彼觀音力　波浪不能沒
或在須彌峰　為人所推墮
念彼觀音力　如日虛空住
或被惡人逐　墮落金剛山
念彼觀音力　不能損一毛
或值怨賊繞　各執刀加害
念彼觀音力　咸即起慈心
或遭王難苦　臨刑欲壽終
念彼觀音力　刀尋段段壞

或囚禁枷鎖　手足被杻械
念彼觀音力　釋然得解脱
呪詛諸毒藥　所欲害身者
念彼觀音力　還著於本人
或遇惡羅刹　毒龍諸鬼等
念彼觀音力　時悉不敢害
若惡獸圍繞　利牙爪可怖
念彼觀音力　疾走无邊方
蚖蛇及蝮蠍　氣毒煙火燃
念彼觀音力　尋聲自迴去
雲雷鼓掣電　降雹澍大雨
念彼觀音力　應時得消散
衆生被困厄　无量苦逼身
觀音妙智力　能救世間苦
具足神通力　廣修智方便

十方諸國土　无剎不現身
種種諸惡趣　地獄鬼畜生
生老病死苦　以漸悉令滅
真觀清淨觀　廣大智慧觀
悲觀及慈觀　常願常瞻仰
无垢清淨光　慧日破諸暗
能伏災風火　普明照世間
悲體戒雷震　慈意妙大雲
澍甘露法雨　滅除煩惱焰
諍訟經官處　怖畏軍陣中
念彼觀音力　衆怨悉退散
妙音觀世音　梵音海潮音
勝彼世間音　是故須常念
念念勿生疑　觀世音淨聖
於苦惱死厄　能為作依怙

具一切功德　慈眼視眾生

福聚海无量　是故應頂禮

爾時持地菩薩即從座起前白佛言世尊。若有眾生聞是觀世音菩薩品自在之業。普門示現神通力者。當知是人功德不少。佛說是普門品時。眾中八萬四千眾生皆發无等等阿耨多羅三藐三菩提心。

妙法蓮華經觀世音菩薩普門品

姚秦三藏法師鳩摩羅什奉詔譯

尒時无盡意菩薩即從座起偏袒右肩合掌向佛而作是言世尊觀世音菩薩以何因緣名觀世音佛告无盡意菩薩善男子若有无量百千万億衆生受諸苦惱聞是觀世音菩薩一心稱名觀世音菩薩即時觀其音聲皆得解脫若有持是觀世音菩薩名者設入大火火不能燒由是菩薩威神力故若為大水所漂稱其名号即得淺處若有百千万億衆生為求金銀瑠璃硨磲瑪瑙珊瑚虎珀真珠等寶入於大海假使黒風吹其船舫漂墮羅剎鬼國其中若有乃至一人稱觀世音菩薩名者是諸人等皆得

解脫羅刹之難以是因緣名觀世音若
復有人臨當被害稱觀世音菩薩名者
彼所執刀杖尋段段壞而得解脫若三
千大千國土滿中夜叉羅刹欲來惱人
聞其稱觀世音菩薩名者是諸惡鬼尚
不能以惡眼視之況復加害設復有人
若有罪若无罪杻械枷鎖檢繫其身稱
觀世音菩薩名者皆悉斷壞即得解脫
若三千大千國土滿中怨賊有一商主
將諸商人齎持重寶經過險路其中一
人作是唱言諸善男子勿得恐怖汝等
應當一心稱觀世音菩薩名號是菩薩
能以无畏施於眾生汝等若稱名者於
此怨賊當得解脫眾商人聞俱發聲言
南无觀世音菩薩稱其名故即得解脫

无盡意觀世音菩薩摩訶薩威神之力
巍巍如是若有衆生多於淫欲常念恭
敬觀世音菩薩便得離欲若多瞋恚常
念恭敬觀世音菩薩便得離瞋若多愚
癡常念恭敬觀世音菩薩便得離癡无
盡意觀世音菩薩有如是等大威神力
多所饒益是故衆生常應心念若有女
人設欲求男禮拜供養觀世音菩薩便
生福德智慧之男設欲求女便生端正
有相之女宿植德本衆人愛敬无盡意
觀世音菩薩有如是力若有衆生恭敬
禮拜觀世音菩薩福不唐捐是故衆生
皆應受持觀世音菩薩名号无盡意若
有人受持六十二億恒河沙菩薩名字
復盡形供養飲食衣服臥具醫藥於汝

意云何是善男子善女人功德多不无
盡意言甚多世尊佛言若復有人受持
觀世音菩薩名号乃至一時礼拜供養
是二人福正等无異於百千万億劫不
可窮盡无盡意受持觀世音菩薩名号
得如是无量无邊福德之利无盡意菩
薩白佛言世尊觀世音菩薩云何遊此
娑婆世界云何而為衆生說法方便之
力其事云何佛告无盡意菩薩善男子
若有國土衆生應以佛身得度者觀世
音菩薩即現佛身而為說法應以辟支
佛身得度者即現辟支佛身而為說法
應以聲聞身得度者即現聲聞身而為
說法應以梵王身得度者即現梵王身
而為說法應以帝釋身得度者即現帝

釋身而爲說法應以自在天身得度者
即現自在天身而爲說法應以大自在
天身得度者即現大自在天身而爲說
法應以天大將軍身得度者即現天大
將軍身而爲說法應以毘沙門身得度
者即現毘沙門身而爲說法應以小王
身得度者即現小王身而爲說法應以
長者身得度者即現長者身而爲說法
應以居士身得度者即現居士身而爲
說法應以宰官身得度者即現宰官身
而爲說法應以婆羅門身得度者即現
婆羅門身而爲說法應以比丘比丘尼
優婆塞優婆夷身得度者即現比丘比
丘尼優婆塞優婆夷身而爲說法應以
長者居士宰官婆羅門婦女身得度者

即現婦女身而為說法應以童男童女
身得度者即現童男童女身而為說法
應以天龍夜叉乾闥婆阿脩羅迦樓羅
緊那羅摩睺羅伽人非人等身得度者
即皆現之而為說法應以執金剛神得
度者即現執金剛神而為說法无盡意
是觀世音菩薩成就如是功德以種種
形遊諸國土度脫眾生是故汝等應當
一心供養觀世音菩薩是觀世音菩薩
摩訶薩於怖畏急難之中能施无畏是
故此娑婆世界皆号之為施无畏者无
盡意菩薩白佛言世尊我今當供養觀
世音菩薩即解頸眾寶珠瓔珞價值百
千兩金而以與之作是言仁者受此法
施珎寶瓔珞時觀世音菩薩不肯受之

无盡意復白觀世音菩薩言仁者愍我
等故受此瓔珞尒時佛告觀世音菩薩
當愍此无盡意菩薩及四衆天龍夜叉
乾闥婆阿脩羅迦樓羅緊那羅摩睺羅
伽人非人等故受是瓔珞即時觀世音
菩薩愍諸四衆及於天龍人非人等受
其瓔珞分作二分一分奉釋迦牟尼佛
一分奉多寶佛塔无盡意觀世音菩薩
有如是自在神力遊於娑婆世界尒時
无盡意菩薩以偈問曰

世尊妙相具　我今重問彼
佛子何因緣　名為觀世音
具足妙相尊　偈答无盡意
汝聽觀音行　善應諸方所
弘誓深如海　歷劫不思議

侍多千億佛　發大清淨願

我為汝略說　聞名及見身

心念不空過　能滅諸有苦

假使興害意　推落大火坑

念彼觀音力　火坑變成池

或漂流巨海　龍魚諸鬼難

念彼觀音力　波浪不能沒

或在須彌峰　為人所推墮

念彼觀音力　如日虛空住

或被惡人逐　墮落金剛山

念彼觀音力　不能損一毛

或值怨賊繞　各執刀加害

念彼觀音力　咸即起慈心

或遭王難苦　臨刑欲壽終

念彼觀音力　刀尋段段壞

或因禁枷鎖　手足被杻械
念彼觀音力　釋然得解脫
咒詛諸毒藥　所欲害身者
念彼觀音力　還著於本人
或遇惡羅剎　毒龍諸鬼等
念彼觀音力　時悉不敢害
若惡獸圍繞　利牙爪可怖
念彼觀音力　疾走无邊方
蚖蛇及蝮蠍　氣毒煙火然
念彼觀音力　尋聲自迴去
雲雷鼓掣電　降雹澍大雨
念彼觀音力　應時得消散
眾生被困厄　无量苦逼身
觀音妙智力　能救世間苦
具足神通力　廣修智方便

十方諸國土　无刹不現身
種種諸惡趣　地獄鬼畜生
生老病死苦　以漸悉令滅
真觀清淨觀　廣大智慧觀
悲觀及慈觀　常願常瞻仰
无垢清淨光　慧日破諸闇
能伏災風火　普明照世間
悲體戒雷震　慈意妙大雲
澍甘露法雨　滅除煩惱焰
諍訟經官處　怖畏軍陣中
念彼觀音力　衆怨悉退散
妙音觀世音　梵音海潮音
勝彼世間音　是故須常念
念念勿生疑　觀世音淨聖
於苦惱死厄　能為作依怙

具一切功德　慈眼視衆生

福聚海无量　是故應頂礼

尒時。持地菩薩即從座起。前白佛言。世

尊。若有衆生聞是觀世音菩薩品。自在

之業。普門示現神通力者。當知是人。功

德不少。佛說是普門品時。衆中八万四

千衆生。皆發无等等阿耨多羅三藐三

菩提心。

妙法蓮華経觀世音菩薩普門品
姚秦三藏法師鳩摩羅什奉詔譯
尒時无盡意菩薩即從座起偏袒右肩
合掌向佛而作是言世尊觀世音菩薩
以何因縁名觀世音佛告无盡意菩薩
善男子若有无量百千万億衆生受諸
苦惱聞是觀世音菩薩一心稱名觀世
音菩薩即時觀其音聲皆得解脫若有
持是觀世音菩薩名者設入大火火不
能焼由是菩薩威神力故若為大水所
漂稱其名号即得浅處若有百千万億
衆生為求金銀瑠璃硨磲瑪瑙珊瑚虎
珀真珠等寶入於大海假使黒風吹其
船舫漂堕羅刹鬼國其中若有乃至一
人稱觀世音菩薩名者是諸人等皆得

解脫羅剎之難以是因緣名觀世音若
復有人臨當被害稱觀世音菩薩名者
彼所執刀杖尋段段壞而得解脫若三
千大千國土滿中夜叉羅剎欲來惱人
聞其稱觀世音菩薩名者是諸惡鬼尚
不能以惡眼視之況復加害設復有人
若有罪若无罪杻械枷鎖檢繫其身稱
觀世音菩薩名者皆悉斷壞即得解脫
若三千大千國土滿中怨賊有一商主
將諸商人賷持重寶經過險路其中一
人作是唱言諸善男子勿得恐怖汝等
應當一心稱觀世音菩薩名号是菩薩
能以无畏施於衆生汝等若稱名者於
此怨賊當得解脫衆商人聞俱發聲言
南无觀世音菩薩稱其名故即得解脫

无盡意觀世音菩薩摩訶薩威神之力
巍巍如是若有衆生多於淫欲常念恭
敬觀世音菩薩便得離欲若多瞋恚常
念恭敬觀世音菩薩便得離瞋若多愚
癡常念恭敬觀世音菩薩便得離癡无
盡意觀世音菩薩有如是等大威神力
多所饒益是故衆生常應心念若有女
人設欲求男礼拜供養觀世音菩薩便
生福德智慧之男設欲求女便生端正
有相之女宿植德本衆人愛敬无盡意
觀世音菩薩有如是力若有衆生恭敬
礼拜觀世音菩薩福不唐捐是故衆生
皆應受持觀世音菩薩名號无盡意若
有人受持六十二億恒河沙菩薩名字
復盡形供養飲食衣服臥具醫藥於汝

意云何是善男子善女人功德多不无
盡意言甚多世尊佛言若復有人受持
觀世音菩薩名号乃至一時礼拜供養
是二人福正等无異於百千万億劫不
可窮盡无盡意受持觀世音菩薩名号
得如是无量无邊福德之利无盡意菩
薩白佛言世尊觀世音菩薩云何遊此
娑婆世界云何而為衆生説法方便之
力其事云何佛告无盡意菩薩善男子
若有國土衆生應以佛身得度者觀世
音菩薩即現佛身而為説法應以辟支
佛身得度者即現辟支佛身而為説法
應以聲聞身得度者即現聲聞身而為
説法應以梵王身得度者即現梵王身
而為説法應以帝釋身得度者即現帝

釋身而為說法應以自在天身得度者
即現自在天身而為說法應以大自在
天身得度者即現大自在天身而為說
法應以天大將軍身得度者即現天大
將軍身而為說法應以毗沙門身得度
者即現毗沙門身而為說法應以小王
身得度者即現小王身而為說法應以
長者身得度者即現長者身而為說法
應以居士身得度者即現居士身而為
說法應以宰官身得度者即現宰官身
而為說法應以婆羅門身得度者即現
婆羅門身而為說法應以比丘比丘尼
優婆塞優婆夷身得度者即現比丘比
丘尼優婆塞優婆夷身而為說法應以
長者居士宰官婆羅門婦女身得度者

即現婦女身而為說法應以童男童女
身得度者即現童男童女身而為說法
應以天龍夜叉乾闥婆阿脩羅迦樓羅
緊那羅摩睺羅伽人非人等身得度者
即皆現之而為說法應以執金剛神得
度者即現執金剛神而為說法无盡意
是觀世音菩薩成就如是功德以種種
形遊諸國土度脫眾生是故汝等應當
一心供養觀世音菩薩是觀世音菩薩
摩訶薩於怖畏急難之中能施无畏是
故此娑婆世界皆號之為施无畏者无
盡意菩薩白佛言世尊我今當供養觀
世音菩薩即解頸眾寶珠瓔珞價值百
千兩金而以與之作是言仁者受此法
施珍寶瓔珞時觀世音菩薩不肯受之

无盡意復白觀世音菩薩言。仁者。愍我
等故。受此瓔珞。尒時。佛告觀世音菩薩。
當愍此无盡意菩薩。及四衆。天。龍。夜叉。
乾闥婆。阿脩羅。迦樓羅。緊那羅。摩睺羅
伽。人。非人等故。受是瓔珞。即時觀世音
菩薩愍諸四衆。及於天。龍人。非人等。受
其瓔珞。分作二分。一分奉釋迦牟尼佛。
一分奉多寶佛塔。无盡意。觀世音菩薩
有如是自在神力。遊於娑婆世界。尒時。
无盡意菩薩以偈問曰。

世尊妙相具　我今重問彼
佛子何因緣　名爲觀世音
具足妙相尊　偈答无盡意
汝聽觀音行　善應諸方所
弘誓深如海　歷劫不思議

侍多千億佛　發大清淨願
我為汝略說　聞名及見身
心念不空過　能滅諸有苦
假使興害意　推落大火坑
念彼觀音力　火坑變成池
或漂流巨海　龍魚諸鬼難
念彼觀音力　波浪不能沒
或在須彌峰　為人所推墮
念彼觀音力　如日虛空住
或被惡人逐　墮落金剛山
念彼觀音力　不能損一毛
或值怨賊繞　各執刀加害
念彼觀音力　咸即起慈心
或遭王難苦　臨刑欲壽終
念彼觀音力　刀尋段段壞

或囚禁枷鎖　手足被杻械
念彼觀音力　釋然得解脫
咒詛諸毒藥　所欲害身者
念彼觀音力　還著於本人
或遇惡羅刹　毒龍諸鬼等
念彼觀音力　時悉不敢害
若惡獸圍繞　利牙爪可怖
念彼觀音力　疾走无邊方
蚖蛇及蝮蠍　氣毒煙火然
念彼觀音力　尋聲自迴去
雲雷鼓掣電　降雹澍大雨
念彼觀音力　應時得消散
衆生被困厄　无量苦逼身
觀音妙智力　能救世間苦
具足神通力　廣修智方便

十方諸國土 无刹不現身
種種諸惡趣 地獄鬼畜生
生老病死苦 以漸悉令滅
真觀清淨觀 廣大智慧觀
悲觀及慈觀 常願常瞻仰
无垢清淨光 慧日破諸暗
能伏災風火 普明照世間
悲體戒雷震 慈意妙大雲
澍甘露法雨 滅除煩惱焰
諍訟経官處 怖畏軍陣中
念彼觀音力 衆怨悉退散
妙音觀世音 梵音海潮音
勝彼世間音 是故須常念
念念勿生疑 觀世音淨聖
於苦惱死厄 能為作依怙

具一切功德　慈眼視衆生
福聚海无量　是故應頂礼
尒時持地菩薩即從座起前白佛言世
尊若有衆生聞是觀世音菩薩品自在
之業普門示現神通力者當知是人功
德不少佛說是普門品時衆中八万四
千衆生皆發无等等阿耨多羅三藐三
菩提心

妙法蓮華經觀世音菩薩普門品

姚秦三藏法師鳩摩羅什奉詔譯

尒時无盡意菩薩即從座起偏袒右肩
合掌向佛而作是言世尊觀世音菩薩
以何因緣名觀世音佛告无盡意菩薩
善男子若有无量百千万億衆生受諸
苦惱聞是觀世音菩薩一心稱名觀世
音菩薩即時觀其音聲皆得解脱若有
持是觀世音菩薩名者設入大火火不
能燒由是菩薩威神力故若為大水所
漂稱其名号即得淺處若有百千万億
衆生為求金銀瑠璃硨磲瑪瑙珊瑚虎
珀真珠等寳入於大海假使黒風吹其
船舫漂堕羅刹鬼國其中若有乃至一
人稱觀世音菩薩名者是諸人等皆得

解脫羅刹之難以是因緣名觀世音若
復有人臨當被害稱觀世音菩薩名者
彼所執刀杖尋段段壞而得解脫若三
千大千國土滿中夜叉羅刹欲來惱人
聞其稱觀世音菩薩名者是諸惡鬼尚
不能以惡眼視之況復加害設復有人
若有罪若无罪杻械枷鎖檢繫其身稱
觀世音菩薩名者皆悉斷壞即得解脫
若三千大千國土滿中怨賊有一商主
將諸商人賷持重寶經過嶮路其中一
人作是唱言諸善男子勿得恐怖汝等
應當一心稱觀世音菩薩名号是菩薩
能以无畏施於衆生汝等若稱名者於
此怨賊當得解脫衆商人聞俱發聲言
南无觀世音菩薩稱其名故即得解脫

无盡意。觀世音菩薩摩訶薩。威神之力。
巍巍如是。若有衆生多於淫欲。常念恭
敬觀世音菩薩。便得離欲。若多瞋恚。常
念恭敬觀世音菩薩。便得離瞋。若多愚
癡。常念恭敬觀世音菩薩。便得離癡。无
盡意。觀世音菩薩有如是等大威神力。
多所饒益。是故衆生常應心念。若有女
人設欲求男。礼拜供養觀世音菩薩。便
生福德智慧之男。設欲求女。便生端正
有相之女。宿植德本。衆人愛敬。无盡意。
觀世音菩薩有如是力。若有衆生恭敬
礼拜觀世音菩薩。福不唐捐。是故衆生
皆應受持觀世音菩薩名号。无盡意。若
有人受持六十二億恒河沙菩薩名字。
復盡形供養飲食。衣服。臥具。醫藥。於汝

意云何是善男子善女人功德多不无
盡意言甚多世尊佛言若復有人受持
觀世音菩薩名号乃至一時礼拜供養
是二人福正等无異於百千万億劫不
可窮盡无盡意受持觀世音菩薩名号
得如是无量无邊福德之利无盡意菩
薩白佛言世尊觀世音菩薩云何遊此
娑婆世界云何而為衆生說法方便之
力其事云何佛告无盡意菩薩善男子
若有國土衆生應以佛身得度者觀世
音菩薩即現佛身而為說法應以辟支
佛身得度者即現辟支佛身而為說法
應以聲聞身得度者即現聲聞身而為
說法應以梵王身得度者即現梵王身
而為說法應以帝釋身得度者即現帝

釋身而為説法應以自在天身得度者
即現自在天身而為説法應以大自在
天身得度者即現大自在天身而為説
法應以天大将軍身得度者即現天大
将軍身而為説法應以毘沙門身得度
者即現毘沙門身而為説法應以小王
身得度者即現小王身而為説法應以
長者身得度者即現長者身而為説法
應以居士身得度者即現居士身而為
説法應以宰官身得度者即現宰官身
而為説法應以婆羅門身得度者即現
婆羅門身而為説法應以比丘比丘尼
優婆塞優婆夷身得度者即現比丘比
丘尼優婆塞優婆夷身而為説法應以
長者居士宰官婆羅門婦女身得度者

即現婦女身而為說法應以童男童女
身得度者即現童男童女身而為說法
應以天龍夜叉乾闥婆阿脩羅迦樓羅
緊那羅摩睺羅伽人非人等身得度者
即皆現之而為說法應以執金剛神得
度者即現執金剛神而為說法无盡意
是觀世音菩薩成就如是功德以種種
形遊諸國土度脫衆生是故汝等應當
一心供養觀世音菩薩是觀世音菩薩
摩訶薩於怖畏急難之中能施无畏是
故此娑婆世界皆號之為施无畏者无
盡意菩薩白佛言世尊我今當供養觀
世音菩薩即解頸衆寶珠瓔珞價值百
千兩金而以與之作是言仁者受此法
施珍寶瓔珞時觀世音菩薩不肯受之

元盡意復白觀世音菩薩言仁者愍我
等故受此瓔珞尒時佛告觀世音菩薩
當愍此元盡意菩薩及四衆天龍夜叉
乾闥婆阿脩羅迦樓羅緊那羅摩睺羅
伽人非人等故受是瓔珞即時觀世音
菩薩愍諸四衆及於天龍人非人等受
其瓔珞分作二分一分奉釋迦牟尼佛
一分奉多寶佛塔元盡意觀世音菩薩
有如是自在神力遊於娑婆世界尒時
元盡意菩薩以偈問曰

世尊妙相具 我今重問彼
佛子何因緣 名為觀世音
具足妙相尊 偈答元盡意
汝聽觀音行 善應諸方所
弘誓深如海 歷劫不思議

侍多千億佛　發大清淨願
我為汝略說　聞名及見身
心念不空過　能滅諸有苦
假使興害意　推落大火坑
念彼觀音力　火坑變成池
或漂流巨海　龍魚諸鬼難
念彼觀音力　波浪不能沒
或在須彌峰　為人所推墮
念彼觀音力　如日虛空住
或被惡人逐　墮落金剛山
念彼觀音力　不能損一毛
或值怨賊繞　各執刀加害
念彼觀音力　咸即起慈心
或遭王難苦　臨刑欲壽終
念彼觀音力　刀尋段段壞

或囚禁枷鎖　手足被杻械
念彼觀音力　釋然得解脫
咒詛諸毒藥　所欲害身者
念彼觀音力　還著於本人
或遇惡羅刹　毒龍諸鬼等
念彼觀音力　時悉不敢害
若惡獸圍繞　利牙爪可怖
念彼觀音力　疾走无邊方
蚖蛇及蝮蠍　氣毒煙火然
念彼觀音力　尋聲自迴去
雲雷鼓掣電　降雹澍大雨
念彼觀音力　應時得消散
衆生被困厄　无量苦逼身
觀音妙智力　能救世間苦
具足神通力　廣修智方便

十方諸國土 无刹不現身
種種諸惡趣 地獄鬼畜生
生老病死苦 以漸悉令滅
真觀清淨觀 廣大智慧觀
悲觀及慈觀 常願常瞻仰
无垢清淨光 慧日破諸闇
能伏災風火 普明照世間
悲體戒雷震 慈意妙大雲
澍甘露法雨 滅除煩惱焰
諍訟經官處 怖畏軍陣中
念彼觀音力 衆怨悉退散
妙音觀世音 梵音海潮音
勝彼世間音 是故須常念
念念勿生疑 觀世音淨聖
於苦惱死厄 能為作依怙

具一切功德　慈眼視衆生
福聚海无量　是故應頂礼

尒時持地菩薩即從座起前白佛言世尊若有衆生聞是觀世音菩薩品自在之業普門示現神通力者當知是人功德不少佛說是普門品時衆中八万四千衆生皆發无等等阿耨多羅三藐三菩提心

妙法蓮華經觀世音菩薩普門品

姚秦三藏法師鳩摩羅什奉詔譯

尓時无盡意菩薩即從座起偏袒右肩合掌向佛而作是言世尊觀世音菩薩以何因緣名觀世音佛告无盡意菩薩善男子若有无量百千万億眾生受諸苦惱聞是觀世音菩薩一心稱名觀世音菩薩即時觀其音聲皆得解脫若有持是觀世音菩薩名者設入大火火不能燒由是菩薩威神力故若為大水所漂稱其名号即得淺處若有百千万億眾生為求金銀瑠璃硨磲瑪瑙珊瑚琥珀真珠等寶入於大海假使黑風吹其船舫漂墮羅剎鬼國其中若有乃至一人稱觀世音菩薩名者是諸人等皆得

解脱羅刹之難以是因縁名觀世音若
復有人臨當被害稱觀世音菩薩名者
彼所執刀杖尋段段壊而得解脱若三
千大千國土滿中夜叉羅刹欲来惱人
聞其稱觀世音菩薩名者是諸悪鬼尚
不能以悪眼視之况復加害設復有人
若有罪若无罪杻械枷鎖檢繫其身稱
觀世音菩薩名者皆悉斷壊即得解脱
若三千大千國土滿中怨賊有一商主
将諸商人齎持重寶經過險路其中一
人作是唱言諸善男子勿得恐怖汝等
應當一心稱觀世音菩薩名号是菩薩
能以无畏施於衆生汝等若稱名者於
此怨賊當得解脱衆商人聞倶發聲言
南无觀世音菩薩稱其名故即得解脱

无盡意觀世音菩薩摩訶薩威神之力
巍巍如是若有衆生多於淫欲常念恭
敬觀世音菩薩便得離欲若多瞋恚常
念恭敬觀世音菩薩便得離瞋若多愚
癡常念恭敬觀世音菩薩便得離癡无
盡意觀世音菩薩有如是等大威神力
多所饒益是故衆生常應心念若有女
人設欲求男礼拜供養觀世音菩薩便
生福德智慧之男設欲求女便生端正
有相之女宿植德本衆人愛敬无盡意
觀世音菩薩有如是力若有衆生恭敬
礼拜觀世音菩薩福不唐捐是故衆生
皆應受持觀世音菩薩名号无盡意若
有人受持六十二億恒河沙菩薩名字
復盡形供養飲食衣服卧具醫藥於汝

意云何是善男子善女人功德多不无
盡意言甚多世尊佛言若復有人受持
觀世音菩薩名号乃至一時礼拜供養
是二人福正等无異於百千万億劫不
可窮盡无盡意受持觀世音菩薩名号
得如是无量无邊福德之利无盡意菩
薩白佛言世尊觀世音菩薩云何遊此
娑婆世界云何而為衆生説法方便之
力其事云何佛告无盡意菩薩善男子
若有國土衆生應以佛身得度者觀世
音菩薩即現佛身而為説法應以辟支
佛身得度者即現辟支佛身而為説法
應以聲聞身得度者即現聲聞身而為
説法應以梵王身得度者即現梵王身
而為説法應以帝釋身得度者即現帝

釋身而為說法應以自在天身得度者
即現自在天身而為說法應以大自在
天身得度者即現大自在天身而為說
法應以天大將軍身得度者即現天大
將軍身而為說法應以毗沙門身得度
者即現毗沙門身而為說法應以小王
身得度者即現小王身而為說法應以
長者身得度者即現長者身而為說法
應以居士身得度者即現居士身而為
說法應以宰官身得度者即現宰官身
而為說法應以婆羅門身得度者即現
婆羅門身而為說法應以比丘比丘尼
優婆塞優婆夷身得度者即現比丘比
丘尼優婆塞優婆夷身而為說法應以
長者居士宰官婆羅門婦女身得度者

即現婦女身而為說法應以童男童女
身得度者即現童男童女身而為說法
應以天龍夜叉乾闥婆阿脩羅迦樓羅
緊那羅摩睺羅伽人非人等身得度者
即皆現之而為說法應以執金剛神得
度者即現執金剛神而為說法无盡意
是觀世音菩薩成就如是功德以種種
形遊諸國土度脫衆生是故汝等應當
一心供養觀世音菩薩是觀世音菩薩
摩訶薩於怖畏急難之中能施无畏是
故此娑婆世界皆号之為施无畏者无
盡意菩薩白佛言世尊我今當供養觀
世音菩薩即解頸衆寶珠瓔珞價值百
千兩金而以與之作是言仁者受此法
施珎寶瓔珞時觀世音菩薩不肯受之

无盡意復白觀世音菩薩言仁者愍我
等故受此瓔珞尒時佛告觀世音菩薩
當愍此无盡意菩薩及四衆天龍夜叉
乾闥婆阿脩羅迦樓羅緊那羅摩睺羅
伽人非人等故受是瓔珞即時觀世音
菩薩愍諸四衆及於天龍人非人等受
其瓔珞分作二分一分奉釋迦牟尼佛
一分奉多寶佛塔无盡意觀世音菩薩
有如是自在神力遊於娑婆世界尒時
无盡意菩薩以偈問曰

世尊妙相具　我今重問彼
佛子何因緣　名為觀世音
具足妙相尊　偈答无盡意
汝聽觀音行　善應諸方所
弘誓深如海　歷劫不思議

侍多千億佛　發大清淨願
我為汝略說　聞名及見身
心念不空過　能滅諸有苦
假使興害意　推落大火坑
念彼觀音力　火坑變成池
或漂流巨海　龍魚諸鬼難
念彼觀音力　波浪不能沒
或在須彌峰　為人所推墮
念彼觀音力　如日虛空住
或被惡人逐　墮落金剛山
念彼觀音力　不能損一毛
或值怨賊繞　各執刀加害
念彼觀音力　咸即起慈心
或遭王難苦　臨刑欲壽終
念彼觀音力　刀尋段段壞

或囚禁枷鎖　手足被杻械
念彼觀音力　釋然得解脫
呪詛諸毒藥　所欲害身者
念彼觀音力　還著於本人
或遇惡羅刹　毒龍諸鬼等
念彼觀音力　時悉不敢害
若惡獸圍繞　利牙爪可怖
念彼觀音力　疾走无邊方
蚖蛇及蝮蠍　氣毒煙火然
念彼觀音力　尋聲自迴去
雲雷鼓掣電　降雹澍大雨
念彼觀音力　應時得消散
衆生被困厄　无量苦逼身
觀音妙智力　能救世間苦
具足神通力　廣修智方便

十方諸國土 无刹不現身

種種諸惡趣 地獄鬼畜生

生老病死苦 以漸悉令滅

真觀清淨觀 廣大智慧觀

悲觀及慈觀 常願常瞻仰

无垢清淨光 慧日破諸闇

能伏災風火 普明照世間

悲體戒雷震 慈意妙大雲

澍甘露法雨 滅除煩惱焰

諍訟經官處 怖畏軍陣中

念彼觀音力 衆怨悉退散

妙音觀世音 梵音海潮音

勝彼世間音 是故須常念

念念勿生疑 觀世音淨聖

於苦惱死厄 能為作依怙

具一切功德　慈眼視衆生
福聚海无量　是故應頂礼

尒時持地菩薩即從座起前白佛言世尊若有衆生聞是觀世音菩薩品自在之業普門示現神通力者當知是人功德不少佛說是普門品時衆中八万四千衆生皆發无等等阿耨多羅三藐三菩提心

妙法蓮華經觀世音菩薩普門品

姚秦三藏法師鳩摩羅什奉詔譯

尒時无盡意菩薩即從座起偏袒右肩
合掌向佛而作是言世尊觀世音菩薩
以何因緣名觀世音佛告无盡意菩薩
善男子若有无量百千万億衆生受諸
苦惱聞是觀世音菩薩一心稱名觀世
音菩薩即時觀其音聲皆得解脫若有
持是觀世音菩薩名者設入大火火不
能燒由是菩薩威神力故若為大水所
漂稱其名号即得淺處若有百千万億
衆生為求金銀琉璃硨磲瑪瑙珊瑚虎
珀真珠等寶入於大海假使黑風吹其
船舫漂墮羅刹鬼國其中若有乃至一
人稱觀世音菩薩名者是諸人等皆得

解脫羅剎之難以是因緣名觀世音若
復有人臨當被害稱觀世音菩薩名者
彼所執刀杖尋段段壞而得解脫若三
千大千國土滿中夜叉羅剎欲來惱人
聞其稱觀世音菩薩名者是諸惡鬼尚
不能以惡眼視之況復加害設復有人
若有罪若无罪杻械枷鎖檢繫其身稱
觀世音菩薩名者皆悉斷壞即得解脫
若三千大千國土滿中怨賊有一商主
將諸商人齎持重寶經過險路其中一
人作是唱言諸善男子勿得恐怖汝等
應當一心稱觀世音菩薩名號是菩薩
能以无畏施於眾生汝等若稱名者於
此怨賊當得解脫眾商人聞俱發聲言
南无觀世音菩薩稱其名故即得解脫

无盡意觀世音菩薩摩訶薩威神之力
巍巍如是若有眾生多於淫欲常念恭
敬觀世音菩薩便得離欲若多瞋恚常
念恭敬觀世音菩薩便得離瞋若多愚
癡常念恭敬觀世音菩薩便得離癡无
盡意觀世音菩薩有如是等大威神力
多所饒益是故眾生常應心念若有女
人設欲求男礼拜供養觀世音菩薩便
生福德智慧之男設欲求女便生端正
有相之女宿植德本眾人愛敬无盡意
觀世音菩薩有如是力若有眾生恭敬
礼拜觀世音菩薩福不唐捐是故眾生
皆應受持觀世音菩薩名号无盡意若
有人受持六十二億恒河沙菩薩名字
復盡形供養飲食衣服卧具醫藥於汝

意云何是善男子善女人功德多不无
盡意言甚多世尊佛言若復有人受持
觀世音菩薩名号乃至一時礼拜供養
是二人福正等无異於百千万億劫不
可窮盡无盡意受持觀世音菩薩名号
得如是无量无邊福德之利无盡意菩
薩白佛言世尊觀世音菩薩云何遊此
娑婆世界云何而為衆生說法方便之
力其事云何佛告无盡意菩薩善男子
若有國土衆生應以佛身得度者觀世
音菩薩即現佛身而為說法應以辟支
佛身得度者即現辟支佛身而為說法
應以聲聞身得度者即現聲聞身而為
說法應以梵王身得度者即現梵王身
而為說法應以帝釋身得度者即現帝

釋身而為說法應以自在天身得度者
即現自在天身而為說法應以大自在
天身得度者即現大自在天身而為說
法應以天大将軍身得度者即現天大
将軍身而為說法應以毘沙門身得度
者即現毘沙門身而為說法應以小王
身得度者即現小王身而為說法應以
長者身得度者即現長者身而為說法
應以居士身得度者即現居士身而為
說法應以宰官身得度者即現宰官身
而為說法應以婆羅門身得度者即現
婆羅門身而為說法應以比丘比丘尼
優婆塞優婆夷身得度者即現比丘比
丘尼優婆塞優婆夷身而為說法應以
長者居士宰官婆羅門婦女身得度者

即現婦女身而為說法。應以童男童女
身得度者。即現童男童女身而為說法。
應以天。龍。夜叉。乾闥婆。阿脩羅。迦樓羅。
緊那羅。摩睺羅伽。人。非人等身得度者。
即皆現之而為說法。應以執金剛神得
度者。即現執金剛神而為說法。无盡意。
是觀世音菩薩成就如是功德。以種種
形遊諸國土。度脫眾生。是故汝等應當
一心供養觀世音菩薩。是觀世音菩薩
摩訶薩。於怖畏急難之中。能施无畏。是
故此娑婆世界皆號之為施无畏者。无
盡意菩薩白佛言。世尊。我今當供養觀
世音菩薩。即解頸眾寶珠瓔珞。價值百
千兩金而以與之。作是言。仁者。受此法
施。珍寶瓔珞。時觀世音菩薩不肯受之。

无盡意復白觀世音菩薩言。仁者。愍我
等故。受此瓔珞。爾時。佛告觀世音菩薩。
當愍此无盡意菩薩。及四衆。天。龍。夜叉
乾闥婆。阿脩羅。迦樓羅。緊那羅。摩睺羅
伽。人。非人等故。受是瓔珞。即時觀世音
菩薩愍諸四衆。及於天龍。人。非人等。受
其瓔珞。分作二分。一分奉釋迦牟尼佛。
一分奉多寶佛塔。无盡意。觀世音菩薩
有如是自在神力。遊於娑婆世界。爾時。
无盡意菩薩以偈問曰。

世尊妙相具　我今重問彼
佛子何因緣　名爲觀世音
具足妙相尊　偈答无盡意
汝聽觀音行　善應諸方所
弘誓深如海　歷劫不思議

侍多千億佛 發大清淨願

我為汝略說 聞名及見身

心念不空過 能滅諸有苦

假使興害意 推落大火坑

念彼觀音力 火坑變成池

或漂流巨海 龍魚諸鬼難

念彼觀音力 波浪不能沒

或在須彌峰 為人所推墮

念彼觀音力 如日虛空住

或被惡人逐 墮落金剛山

念彼觀音力 不能損一毛

或值怨賊繞 各執刀加害

念彼觀音力 咸即起慈心

或遭王難苦 臨刑欲壽終

念彼觀音力 刀尋段段壞

或囚禁枷鎖　手足被杻械
念彼觀音力　釋然得解脫
呪詛諸毒藥　所欲害身者
念彼觀音力　還著於本人
或遇惡羅剎　毒龍諸鬼等
念彼觀音力　時悉不敢害
若惡獸圍繞　利牙爪可怖
念彼觀音力　疾走无邊方
蚖蛇及蝮蠍　氣毒煙火然
念彼觀音力　尋聲自迴去
雲雷鼓掣電　降雹澍大雨
念彼觀音力　應時得消散
衆生被困厄　无量苦逼身
觀音妙智力　能救世間苦
具足神通力　廣修智方便

十方諸國土　无刹不現身
種種諸惡趣　地獄鬼畜生
生老病死苦　以漸悉令滅
真觀清淨觀　廣大智慧觀
悲觀及慈觀　常願常瞻仰
无垢清淨光　慧日破諸闇
能伏災風火　普明照世間
悲體戒雷震　慈意妙大雲
澍甘露法雨　滅除煩惱焰
諍訟經官處　怖畏軍陣中
念彼觀音力　衆怨悉退散
妙音觀世音　梵音海潮音
勝彼世間音　是故須常念
念念勿生疑　觀世音淨聖
於苦惱死厄　能為作依怙

具一切功德 慈眼視眾生
福聚海无量 是故應頂礼
介時持地菩薩即從座起前白佛言世
尊若有眾生聞是觀世音菩薩品自在
之業普門示現神通力者當知是人功
德不少佛說是普門品時眾中八万四
千眾生皆發无等等阿耨多羅三藐三
菩提心